Christiane Leesker · Vanessa Jansen

Das Beste vom Bodensee

Vegetarisch

Wenn nicht anders angegeben,
sind die Rezepte immer für 4 Personen berechnet.

Bibliografische Information der Deutschen Bibliothek
Die Deutsche Bibliothek verzeichnet diese Publikation in der Deutschen Nationalbibliografie; detaillierte bibliografische Daten sind im Internet über http://dnb.ddb.de abrufbar.

ISBN 978-3-87800-094-5

Text und Layout: Christiane Leesker
Fotografie: Vanessa Jansen
Styling: Vanessa Jansen und Christiane Leesker
Druck und Bindung: CPI – Ebner & Spiegel, Ulm

Südverlag GmbH
Schützenstr. 24, 78462 Konstanz
Tel. 07531-9053-0, Fax: 07531-9053-98
www.suedverlag.de

Christiane Leesker · Vanessa Jansen

Das Beste vom Bodensee
Vegetarisch

Südverlag

IOANNES MICHAEL DE BRUGGER SACELLI

Inhalt

Vorwort

Vegetarische Bodenseeküche – Gemüse von Höri und Reichenau 7

Vorspeisen & kleine Gerichte

Gebackener Ziegenkäse an Wildkräuterspinat und Höribülle-Konfitüre 9
Rahmsuppe von Spinat und Wildkräutern 10
Höri-Artischocke mit Bülle-Vinaigrette 13
Gazpacho von Höri-Gemüse mit Garnitur 16
Perlgraupen-Risotto mit grünem Spargel und Kirschtomaten 19
Panini mit Birnen und Tettnanger Brie, dazu Höribülle-Chutney 20

Hauptspeisen

Reichenauer Gemüsegulasch mit Rosmarinspitzle 22
Eierschwämmli-Ravioli mit Zitronenbasilikum und Sbrinz 24
Grünkern-Quark-Küchle auf Tomaten-Lauch-Ragout 26
Kartoffel-Gemüse-Rösti mit Bergkäse überbacken 29
Mangold-Ravioli mit Bergkäse und Salbeibutter 31
Strudel von Wurzel- und Blattgemüse mit Tomatensauce
und Quarkschaum 33
Gebratener Serviettenknödel auf Rahm-Kräuterseitlingen 34
Kräuter-Pfannkuchen mit buntem Gemüse und Kürbisschaum 39
Graupen-Riesling-Risotto mit geschmortem Würzkürbis 40
Kräuter-Crêpes mit Inselgemüse 42
Spinatknödel mit Bergkäse überbacken 44
Gegrillte Höri-Aubergine mit Basilikum-Pesto 46
Kässpätzle mit Bergkäse und Röstzwiebeln 48
Blaukrautstrudel auf Lauchgemüse 50
Bayrisches Urkorn mit Roter Bete und Kräutersalaten 52
Überbackenes Kräuterflädle mit Rahmspinat 57
Reichenauer Gemüse-Lasagne mit Auberginen 58
Hausgemachte Nüdele mit Kirschtomaten und Ziegenfrischkäse 61

Anhang

Dank und Adressen 62

Vegetarische Bodenseeküche

Gemüse von Höri und Reichenau

Die einzigartige Höribülle, eine mild-aromatische rote Speisezwiebel, ist wohl das älteste und berühmteste Produkt der kleinen Region und darf die Herkunftsbezeichnung g.g.A. (geschützte geografische Angabe) führen. Sie wird allein über Wochenmärkte und Straßenstände vertrieben. Die Halbinsel Höri ragt zwischen Radolfzell und Stein am Rhein in den Untersee. Mildes Bodenseeklima und der dunkle Moorboden schaffen hier beste Bedingungen für den Gemüseanbau.

Neben der Zwiebel haben sich inzwischen weitere Gemüsesorten auf der Höri etabliert: z.B. die kleinen violetten ligurischen und die großen grünen bretonischen Artischocken. Und viele andere einheimische und mediterrane Gemüse gedeihen dort ebenfalls prächtig. Durch Wettereinflüsse und Experimentierfreudigkeit der Höribauern ändert sich das Angebot alljährlich.

Von fruchtbaren Böden, mildem Klima mit überdurchschnittlich vielen Sonnentagen und sauberem Bodenseewasser profitieren auch die Gemüsebauern der Insel Reichenau, die das ganze Jahr über eine große Auswahl an Salat- und Gemüsesorten anbieten können.

Ganz in der Tradition der regionalen Spezialitäten bilden Nudel-, Strudel- und Knödelgerichte, Pfannkuchen, Spätzle und Rösti oft die Grundlage für die fantasievollen und leckeren vegetarischen Kreationen der Küchenchefs rund um den Bodensee. Diese verwenden neben saisonalen Gemüsesorten gerne Käse der ortsansässigen Sennereien und selbst gesammelte Wildkräuter.

Wir möchten Sie einladen, sich von den hier vorgestellten Gerichten zu eigenen Koch-Ideen inspirieren zu lassen. Vielleicht gehen Sie selbst einmal, wie bei der Wildkräutersuppe (S. 10) vorgeschlagen, mit einem Pflanzenführer in die Natur und sammeln wilde Kräuter und Früchte für Ihre Küche!

Rezept: Seehalde Uhldingen-Mühlhofen

Gebackener Ziegenkäse
an Wildkräuterspinat und Höribülle-Konfitüre

Für die Höribülle-Konfitüre:
350 g Höribülle, gewürfelt, 150 ml Rotwein (Bodensee-Spätburgunder)
2 EL Himbeeressig, 1 Prise Salz
250 g Gelierzucker 2:1, 1–2 Msp. Zitronensäurepulver

Für den Ziegenfrischkäse:
4 Blätter Filoteig (Fertigprodukt), flüssige Butter zum Bepinseln
4 Stück Ziegenfrischkäse à 50 g, Erdnussöl zum Ausbacken

Für den Wildkräuterspinat:
130 g Blattspinat, 70 g Wildkräuter (z.B. Melde, Guter Heinrich, Raps)
1 Höribülle, gewürfelt, 1 TL Butter, Salz, frisch gemahlener Pfeffer

Für die Garnitur:
4 EL Vogelbeeren (frisch oder TK), etwas Rapsöl, Wildkräuterblättchen

Am Vortag für die Konfitüre die Zwiebeln mit dem Rotwein aufkochen und fein pürieren, Himbeeressig und Salz zufügen. Gelierzucker unterrühren und alles einige Minuten sprudelnd kochen lassen. Zitronensäure zugeben und die Konfitüre heiß in saubere Schraubgläser füllen.
Für den Ziegenfrischkäse am nächsten Tag die Filoteig-Blätter mit Butter bestreichen. Die Käsestücke darin einschlagen. Die Ziegenkäsepäckchen in heißem Erdnussöl goldbraun ausbacken. Auf Küchenpapier entfetten.
Für den Wildkräuterspinat Spinat und Kräuter waschen und abtropfen lassen. Die Zwiebel in Butter glasig schwitzen. Spinat und Kräuter darin zusammenfallen lassen, alles salzen und pfeffern.
Die Vogelbeeren in etwas Rapsöl gut erhitzen. Spinat auf Teller geben, Frischkäse-Päckchen darauflegen und Bülle-Konfitüre danebensetzen. Mit einigen Vogelbeeren bestreuen und mit Wildkräuterblättchen garnieren.

Rahmsuppe
von Spinat und Wildkräutern

Für die Suppe:
1 kleine Zwiebel
150 g frischer Blattspinat, 50 g Spitzwegerich
40 g Butter, 30 g Mehl, 600 ml Milch
Salz, frisch gemahlener Pfeffer
frisch gemahlene Muskatnuss

Für die Garnitur:
Schafgarbe, kleiner Wiesenknopf, Basilikumblättchen, Kapuzinerkresse

Die Zwiebel schälen und würfeln. Spinat und Spitzwegerich putzen, gründlich waschen, abtropfen lassen und grob hacken. Die Butter in einem Topf zerlassen, die Zwiebelwürfel darin glasig dünsten. Mehl darüberstäuben und unter Rühren hellgelb anschwitzen lassen. Vom Herd nehmen, die Milch zugießen und alles glatt rühren. Den Topf wieder auf die Herdplatte stellen, Spinat und Spitzwegerich zur Suppe geben, alles einmal aufkochen lassen und dann pürieren. Mit Salz, Pfeffer und Muskat würzen.
Die Rahmsuppe auf Schalen verteilen und mit Schafgarbe, Wiesenknopf, Basilikum und Kapuzinerkresse garniert servieren.

Tipp:
Spitzwegerich, Schafgarbe und Wiesenknopf finden Sie nicht auf dem Markt oder in der Gemüseabteilung des Supermarkts. Rüsten Sie sich mit einem guten Naturführer aus und machen Sie sich bei einem schönen Spaziergang selbst auf die Suche!

Rezept: Schloss Wartegg, Rorschacher Berg

Rezept: Grüner Baum · Moos

Höri-Artischocke
mit Bülle-Vinaigrette

4 ganze Artischocken, 4 Scheiben Bio-Zitrone, Salz

Für die Vinaigrette:
2–3 Höribülle, fein gewürfelt
1–2 Tomaten, fein gewürfelt
50 ml Rotweinessig
50 ml naturtrüber Apfelsaft
Salz, frisch gemahlener Pfeffer
3 EL Walnussöl
5 EL kaltgepresstes Rapsöl

Den Stiel der Artischocken mit einem kräftigen Ruck von der Blüte trennen. Den Boden mit einem scharfen Messer glatt schneiden. Je 1 Zitronenscheibe auf die Schnittfläche legen und mit Küchengarn festbinden. Die Artischocken in reichlich kochendem Salzwasser ca. 30 Minuten garen. Für den Gartest mit einer Messerspitze in den Boden stechen. Ist dieser weich, sind die Artischocken gar. Im Kochsud abkühlen lassen.
Für die Vinaigrette Bülle- und Tomatenwürfel mit Rotweinessig, Apfelsaft, Salz und Pfeffer verrühren. Die Öle tröpfchenweise unterrühren.
Die Artischocken aus dem Sud nehmen, abtropfen lassen, Küchengarn und Zitronenscheibe entfernen. Von oben in die Blüte greifen, die geschlossene innere Knospe mit drei Fingern fassen und durch Hin- und Herdrehen aus der Blüte lösen. Dabei evtl. einen Esslöffel zu Hilfe nehmen. Nun das „Heu“ vorsichtig entfernen und die innere Knospe umgekehrt oben auf die Artischocke setzen (s. Foto). Die Artischocken servieren und die Höribülle-Vinaigrette dazu reichen.
Die Blätter aus der Blüte zupfen, in die Vinaigrette tunken und den weichen Teil des Blattansatzes mit den Zähnen „abzutzeln“. Den Blütenboden mit der verbliebenen Vinaigrette begießen und mit Messer und Gabel essen.

Gazpacho von Höri-Gemüse
mit Garnitur

Für den Gemüsefond:
1 Zwiebel, 1 Karotte, 1/4 Sellerieknolle
1 Knoblauchzehe, 1 Chilischote, 1 Lorbeerblatt
5 zerdrückte Pfefferkörner, 5 zerdrückte Wacholderbeeren, 1 Nelke
1 getrocknete Tomate

Für den Gazpacho:
1/2 Salatgurke und 5 reife Tomaten, jeweils geschält und fein gewürfelt
1/4 l Gemüsefond, 250 g Joghurt
1 Knoblauchzehe, zerdrückt
Sambal Olek (Chilipaste), Salz, frisch gemahlener Pfeffer
3 EL Weißweinessig, 1 EL gehackter Dill

Für die Garnitur:
frische Gemüsewürfel oder -scheiben (z.B. Karotte, Salatgurke, Kirschtomaten, Radieschen)
Kräuterblättchen (z.B. Basilikum, glatte Petersilie, Rauke)
Käsesticks (Grill-Ziegenkäse vom Höchsten, in Butter gebraten)

Für den Gemüsefond die Zwiebel schälen, Karotte und Sellerie waschen und ungeputzt in ca. 2 cm große Stücke schneiden. 1 l Wasser mit dem vorbereiteten rohen Gemüse, den Gewürzen und der getrockneten Tomate zum Kochen bringen und die Flüssigkeit auf 1/4 l einkochen lassen. Den Fond durch ein Haarsieb gießen.
Für den Gazpacho Gurke und Tomaten mit Gemüsefond, Joghurt und Knoblauch im Mixer fein pürieren. Mit Sambal Olek, Salz und Pfeffer würzen. Weißweinessig und Dill unterrühren. Die Kaltschale in Suppenschalen servieren und die Garnitur dazu reichen. Jeder Gast kann sich seine Suppe nun nach Belieben verfeinern. Dazu passt knuspriges Brot.

Perlgraupen-Risotto

mit grünem Spargel und Kirschtomaten

- 80 g Perlgraupen
- 3 Schalotten, 1 Knoblauchzehe
- Olivenöl zum Braten, 100 ml Weißwein
- 1 Lorbeerblatt, je 1 Stängel Rosmarin und Thymian
- 400 ml Gemüsebrühe
- 20 g geriebener Parmesan, 3 EL halbfest geschlagene Sahne
- Salz, frisch gemahlener Pfeffer
- 8 Stangen grüner Spargel, 8 Kirschtomaten
- 2 EL Thymianblättchen zum Bestreuen

Die Perlgraupen waschen und abtropfen lassen. Schalotten und Knoblauch schälen und fein hacken. Olivenöl in einer Pfanne mit hohem Rand erhitzen, Schalotten, Knoblauch und Graupen darin glasig dünsten. Mit Weißwein ablöschen. Lorbeerblatt, Rosmarin und Thymian zugeben. So viel Gemüsebrühe angießen, dass die Graupen knapp bedeckt sind, und unter Rühren einkochen lassen. Den Vorgang wiederholen, bis die Brühe aufgebraucht ist und die Graupen gar, aber noch bissfest sind. Die Kräuter entfernen. Parmesan und Sahne unterrühren, mit Salz und Pfeffer würzen. Spargelstangen im unteren Drittel schälen und in ca. 5 cm lange Stücke schneiden. Kirschtomaten vierteln. In einer zweiten Pfanne Olivenöl erhitzen, die Spargelstangen darin goldbraun braten. Kirschtomaten kurz mitbraten. Das Graupen-Risotto auf vorgewärmte Teller verteilen, Spargelstücke und Tomatenviertel darauf anrichten. Mit Thymian bestreut servieren.

Tipp:

Die hier angegebenen Mengen reichen für eine Vorspeise. Für ein Hauptgericht die Mengen vervierfachen.

Panini mit Birnen

und Tettnanger Brie, dazu Höribülle-Chutney

Für das Höribülle-Chutney:
4 mittelgroße Höribülle
75 g Zucker
50 ml Rotwein
50 ml Balsamico
Salz, frisch gemahlener Pfeffer

Für die Panini:
4 Panini-Brötchen
2 reife Birnen
200 g Tettnanger Brie in Scheiben
einige Salatblätter für die Garnitur

Für das Höribülle-Chutney die Zwiebeln schälen und in Streifen schneiden. Den Zucker in einem Topf karamellisieren lassen, mit Rotwein und Balsamico ablöschen. Zwiebelstreifen zugeben und alles so lange köcheln lassen, bis die Zwiebeln weich sind und die Konsistenz sämig ist. Mit Salz und Pfeffer würzen. Vom Herd nehmen und abkühlen lassen.
Für die Panini die Brötchen aufschneiden. Die Birnen schälen, halbieren, vom Kerngehäuse befreien und blättrig einschneiden. Die unteren Hälften der Brötchen jeweils mit einer aufgefächerten Birnenhälfte und 50 g Brie belegen. Dann den Käse unter dem Grill des Backofens schmelzen lassen. Die Oberhälften dabei mit der Schnittfläche nach oben mit aufs Blech legen und ebenfalls rösten.
Die Brötchen herausnehmen und die Oberhälften wieder auflegen. Einmal durchschneiden und sofort zusammen mit Salatblättern und Bülle-Chutney servieren. Jeder kann nun sein Panino nach Belieben garnieren.

Reichenauer Gemüsegulasch
mit Rosmarinspitzle

Für das Gulasch:
2 Paprikaschoten (rot und gelb), 2 kleine Zucchini, 1 große Aubergine
3 Kartoffeln, 200 g weiße Bohnen (Dose), 500 g Bio-Räuchertofu
Öl zum Braten
1 Zwiebel, fein gehackt
1 EL Paprikapulver edelsüß, 2 EL Tomatenmark
100 ml Rotwein, 1/2 l Gemüsebrühe
Salz, frisch gemahlener Pfeffer
2 EL gehackte Kräuter (Liebstöckel, Thymian, Petersilie, Majoran)

Für die Rosmarinspitzle:
500 g mehligkochende Kartoffeln, Salz
2 Eigelb, 50 g Speisestärke
frisch gemahlener Pfeffer, frisch gemahlene Muskatnuss
Olivenöl zum Braten, 2 EL Rosmarinnadeln

Paprika, Zucchini und Aubergine putzen und klein schneiden. Kartoffeln schälen, waschen und würfeln. Bohnen abgießen. Tofu grob würfeln. Öl in einem Topf erhitzen, Zwiebelwürfel, Gemüse und Tofu darin anbraten. Paprikapulver und Tomatenmark zugeben und kurz mitbraten. Mit Rotwein und Gemüsebrühe ablöschen. Alles salzen, pfeffern und 15–20 Minuten zugedeckt köcheln lassen. Das Gulasch ist gar, wenn die Kartoffeln weich sind. Die Kräuter unterrühren. Für die Rosmarinspitzle Kartoffeln schälen, in Salzwasser garen und durch die Presse drücken. Mit Eigelben und Stärke verrühren. Mit Salz, Pfeffer und Muskat würzen. Rollen formen, in Stücke teilen und zwischen den Handflächen zu Spitzle rollen. In reichlich kochendem Salzwasser garen, bis sie an die Oberfläche steigen. Herausheben. Olivenöl erhitzen, Rosmarin zugeben und die Spitzle goldbraun darin braten. Zum Gulasch reichen.

Eierschwämmli-Ravioli
mit Zitronenbasilikum und Sbrinz

Für die Ravioli:
3 Eigelb, 100 g Mehl
100 g Eierschwämmli (Pfifferlinge), geputzt und klein geschnitten
1 EL Öl zum Braten
2 EL Zwiebelwürfel
1 1/2 EL getrocknete Tomaten, klein gehackt
1 EL gehackte Petersilie
Salz
Mehl zum Bearbeiten

Für Pesto und Garnitur:
50 g Zitronenbasilikum, 20 g geriebener Sbrinz (Schweizer Hartkäse), 20 g Pinienkerne, 50 ml Olivenöl
Zitronenbasilikumblättchen
Sbrinz, gehobelt

Für die Ravioli die Eigelbe mit dem Mehl zu einem glatten Nudelteig verkneten. Für die Füllung die Eierschwämmli in Öl anbraten, Zwiebelwürfel zugeben und mit anschwitzen. Getrocknete Tomaten und gehackte Petersilie unterrühren, salzen. Den Nudelteig auf bemehlter Arbeitsfläche dünn zu einem Rechteck ausrollen und dieses halbieren. Auf der einen Hälfte mit genügend Abstand teelöffelweise Häufchen von der Füllung setzen. Die andere Hälfte Teig darüberklappen und mit einem Teigrad quadratische Ravioli ausrädeln. Die Ränder gut andrücken.
Für das Pesto Zitronenbasilikum, Käse und Pinienkerne in einem Mörser zur Paste zerstoßen. Das Olivenöl nach und nach einfließen lassen. Die Ravioli in reichlich kochendem Salzwasser 3–5 Minuten garen, bis sie nach oben steigen. Herausheben, auf Tellern anrichten und mit Pesto, Zitronenbasilikum und Käse garniert servieren.

Rezept: Schloss Wartegg, Rorschacher Berg

Grünkern-Quark-Küchle
auf Tomaten-Lauch-Ragout

Für die Küchle:
je 50 g Karotten und Sellerie, 1 Zwiebel, 1 Knoblauchzehe
Distelöl zum Braten
300 g Grünkern, geschrotet
1/2 l Gemüsebrühe
100 g Quark, 4 Eigelb
Salz, frisch gemahlener Pfeffer, frisch geriebene Muskatnuss

Für das Gemüse:
4 Tomaten, 1 Stange Lauch, 1 Zwiebel
Butter zum Braten
1/2 TL Thymianblättchen, fein geschnitten
5 cl Wermut (z.B. Noilly Prat), 150 ml Sahne
Salz, frisch gemahlener Pfeffer, 1 Prise Zucker

Für die Küchle Karotten und Sellerie schälen und in sehr feine Würfel schneiden. Zwiebel und Knoblauch schälen und fein hacken. Das Distelöl in einem Topf erhitzen, Grünkern und das vorbereitete Gemüse darin glasig anschwitzen. Gemüsebrühe angießen und das Getreide bei geringer Hitze ca. 30 Minuten quellen lassen. Abgekühlt mit Quark und Eigelben mischen und die Masse mit Salz, Pfeffer und Muskat würzen. Aus der Masse in heißem Öl kleine Küchle backen und diese warm stellen
Für das Gemüse die Tomaten grob würfeln, dabei vom Stielansatz befreien. Den Lauch putzen, waschen und in Ringe schneiden. Die Zwiebel schälen und hacken. Butter in einem Topf erhitzen, Gemüse und Thymian darin anschwitzen. Mit Wermut und Sahne ablöschen. Zugedeckt bei geringer Hitze 5–10 Minuten garen. Mit Salz, Pfeffer und Zucker würzen. Küchle und Gemüse dekorativ auf Tellern anrichten.

Kartoffel-Gemüse-Rösti

mit Bergkäse überbacken

- 600 g Kartoffeln
- Salz, frisch gemahlener Pfeffer
- frisch gemahlene Muskatnuss
- Öl zum Braten
- 600 g Gemüse (150 g Blumenkohl, 150 g Brokkoli, 150 g Karotten, 150 g Kohlrabi)
- 2 kleine Zwiebeln
- Butter zum Braten
- 150 ml Sahne
- 1 Prise Zucker
- 200 g frisch geriebener Bergkäse

Die Kartoffeln schälen, waschen und in eine Schüssel reiben. Die Masse kräftig ausdrücken und mit Salz, Pfeffer und Muskat würzen. Öl in einer kleinen Pfanne erhitzen, ein Viertel der Kartoffelmasse hineingeben und mit dem Pfannenwender gut andrücken. Die Rösti von beiden Seiten goldbraun braten, bis sie gar ist. Herausnehmen und warm stellen. Aus der restlichen Kartoffelmasse auf die gleiche Weise drei weitere Rösti backen. Alles Gemüse putzen, in mundgerechte Stücke schneiden und in sprudelnd kochendem Salzwasser portionsweise bissfest garen. Die Zwiebeln schälen und fein würfeln.

Butter in einem Topf zerlassen, die Zwiebelwürfel darin anschwitzen. Das Gemüse zugeben, die Sahne angießen und alles mit Salz, Pfeffer und Zucker würzen. Einmal aufwallen und 5 Minuten köcheln lassen.

Die Rösti auf ein mit Backpapier ausgelegtes Backblech legen, das Gemüse darauf verteilen und anteilig mit Bergkäse bestreuen. Unter dem Grill des Backofens auf höchster Stufe ca. 10 Minuten überbacken.

Mangold-Ravioli
mit Bergkäse und Salbeibutter

Für den Nudelteig:
200 g glattes Mehl (Type 405)
200 g griffiges Mehl (Type 1050)
8 Eigelb, 1–2 Eier
50 g Grieß, 40 ml Olivenöl
Mehl zum Bearbeiten

Für die Füllung:
500 g Mangold
100 g Quark, 90 g geriebener Bergkäse, 100 g Mozzarella, 2 Eigelb
1 TL Salz, frisch gemahlener Pfeffer, Cayennepfeffer

Außerdem:
100 g Butter, 1 Handvoll Salbeiblätter
gehobelte Bergkäsespäne zum Bestreuen

Die Zutaten für den Nudelteig verkneten, bis ein glatter Teig entstanden ist. Zur Kugel formen und 30 Minuten abgedeckt kühl stellen.
Mangold putzen, in Streifen schneiden und in kochendem Salzwasser kurz blanchieren. In einem Sieb abtropfen lassen und gut ausdrücken. Quark, Bergkäse, Mozzarella und Eigelbe untermischen. Würzen und fein pürieren.
Den Nudelteig halbieren und auf bemehlter Fläche zu zwei Rechtecken ausrollen. Kleine Portionen Mangoldfüllung mit Abstand auf einem Rechteck verteilen. Das zweite vorsichtig darüber legen. Zwischenräume gut andrücken und Quadrate ausrädeln. Ravioli in kochendem Salzwasser 3 Minuten garen, bis sie nach oben steigen. Herausnehmen und warm stellen.
Butter in einer Pfanne bräunen. Die Salbeiblätter kurz darin braten. Die Ravioli auf Tellern anrichten, mit Salbeibutter begießen und Bergkäse darüber hobeln. Sofort servieren.

Strudel von Wurzel- und Blattgemüse

mit Tomatensauce und Quarkschaum

Für den Strudel:
100 g frischer Blattspinat, 50 g Mangold
100 g Karotten, 100 g Knollensellerie
1 Zwiebel, 1 Knoblauchzehe
Salz, frisch gemahlener Pfeffer
4 EL frisch geriebener Parmesan, 1 Ei, 50 g Semmelbrösel
300 g Blätterteig (Kühlregal)

Für Quarkschaum, Tomatensauce und Gurkencreme:
100 g Sahnequark, 100 ml geschlagene Sahne
je 1 kleine Zwiebel und Karotte, Butter, 200 g geschälte Tomaten (Tetrapak)
Salz und frisch gemahlener Pfeffer
100 g Crème fraîche, 50 g klein gewürfelte Gurke, 1 Knoblauchzehe

Blattspinat und Mangold gründlich waschen, putzen und gut trockenschleudern. Karotten und Sellerie schälen. Alles klein schneiden. Zwiebel und Knoblauch schälen und hacken. Alles vermischen, salzen und pfeffern. Parmesan, Ei und Semmelbrösel untermischen.
Den Blätterteig zu einer rechteckigen Platte ausrollen. Die Gemüsemischung als Strang über die ganze Länge daraufgeben und alles von einer Längsseite her aufrollen. Den Strudel auf ein mit Backpapier ausgelegtes Backblech legen und im auf 180 °C vorgeheizten Backofen auf mittlerer Schiene 25 Minuten backen.
Für den Quarkschaum Quark mit Sahne verrühren. Für die Tomatensauce Zwiebel und Karotte schälen, würfeln, in Butter anschwitzen. Geschälte Tomaten zugeben, salzen, pfeffern und 20 Minuten köcheln lassen. Für die Gurkencreme Crème fraîche mit Gurke und Knoblauch verrühren, würzen.
Den Strudel herausnehmen, schräg in Stücke schneiden, auf Tellern anrichten und mit Quarkschaum, Tomatensauce und Gurkencreme servieren.

Gebratener Serviettenknödel
auf Rahm-Kräuterseitlingen

- 200 g Kräuterseitlinge
- 2 Schalotten, 1 Knoblauchzehe
- Butter zum Braten
- 100 ml Kalbsfond
- 50 g Crème fraîche
- Salz, frisch gemahlener Pfeffer
- 1 Bund Schnittlauch
- 4 EL halbfest geschlagene Sahne
- 8 Scheiben Serviettenknödel vom Vortag
- Bröselbutter
- einige Schnittlauchhalme zum Dekorieren

Die Pilze putzen und längs in dünne Scheiben schneiden. Schalotten und Knoblauch schälen und hacken.
Butter in einer Pfanne zerlassen, Pilze mit Schalotten und Knoblauch darin goldbraun braten. Mit Kalbsfond ablöschen, dann die Crème fraîche unterrühren. Salzen und pfeffern. Alles 3 Minuten bei geringer Hitze garen.
Schnittlauch in Röllchen schneiden und mit der Schlagsahne unterrühren.
Die Serviettenknödelscheiben in heißer Butter goldbraun braten, herausnehmen und warm stellen. Im verbliebenen Bratfett ca. 50 g Semmelbrösel goldbraun rösten.
Die Rahmpilze auf tiefe Teller verteilen. Je zwei Knödelscheiben darauf anrichten und mit Bröselbutter belegen. Mit Schnittlauchhalmen dekorieren und sofort servieren.

Tipp:
Eine fantastische Möglichkeit, Reste von Serviettenknödeln zu verwerten!

Rezept: Heinzler am See, Immenstaad

Kräuter-Pfannkuchen

mit buntem Gemüse und Kürbisschaum

Für die Pfannkuchen:
5 Eier, 300 g Mehl, 1/2 l Milch
Salz und frisch gemahlener Pfeffer, frisch gemahlene Muskatnuss
Butter zum Braten
8 EL gehackte Kräuter (z.B. Petersilie, Zitronenmelisse, Schnittlauch)

Für das bunte Gemüse:
Ca. 600 g bissfest gegartes Gemüse in mundgerechten Stücken (z.B. Paprikaschoten, Fenchel, Karotten, Rosenkohl, Brokkoli, Blumenkohl, Staudensellerie, Lauchzwiebeln, Zuckerschoten)
Butter zum Braten
Salz, frisch gemahlener Pfeffer, 1 Prise Zucker

Für den Kürbisschaum:
200 g Butternusskürbis in Würfeln, 1 Zwiebel, gewürfelt
Butter zum Braten
100 ml Weißwein, 50 ml Milch, 250 ml Sahne
je 1 Prise Fenchelsaat, Koriandersaat, Ingwerpulver, Nelkenpulver, Paprikapulver, Anis, Salz

Für die Pfannkuchen Eier, Mehl und Milch verrühren, den Teig würzen und ca. 20 Minuten quellen lassen. Dann in heißer Butter vier Pfannkuchen ausbacken, mit je 2 EL Kräutern bestreuen, aufrollen und warm stellen. Für das bunte Gemüse die Gemüsestücke in heißer Butter leicht bräunen. Mit Salz, Pfeffer und Zucker würzen. Für den Kürbisschaum Kürbis- und Zwiebelwürfel in heißer Butter anschwitzen. Weißwein angießen. Mit Wasser knapp bedecken. Ca. 15 Minuten garen. Milch und Sahne unterrühren, würzen und pürieren. Das Gemüse auf eine Platte geben. Die Pfannkuchenrollen schräg in Stücke schneiden und darauf anrichten. Kürbisschaum dazu reichen.

Graupen-Riesling-Risotto

mit geschmortem Würzkürbis

- 300 g Butternusskürbis
- weiche Butter
- 1/2 TL Sesamöl, 1 Lorbeerblatt
- Salz
- Gewürze (z.B. Zitronengras, Kaffir-Limettenblätter, Fenchelsaat, gemahlener Koriander, gemahlener Ingwer, Nelkenpulver, Anispulver, gemahlener Kreuzkümmel, Raz-el-Hanout, Zimt)
- 1 Zwiebel, 1 Knoblauchzehe
- 400 g Perlgraupen
- 1/4 l Riesling vom Bodensee, 1 l heiße Gemüsebrühe
- 150 g geriebener Parmesan

Kürbis schälen, von Kernen befreien und würfeln. In einer großen Schüssel mit etwas Butter, Sesamöl, Lorbeerblatt, Salz und Gewürzen gut mischen. Kürbiswürfel auf ein mit Backpapier ausgelegtes Backblech geben, mit Alufolie abdecken und im auf 175 °C vorgeheizten Backofen 30 Minuten garen.
Inzwischen Zwiebel und Knoblauch schälen und fein hacken.
Butter in einer großen Deckelpfanne zerlassen, Perlgraupen mit Zwiebelwürfeln und Knoblauch darin glasig schwitzen. Mit Riesling ablöschen. Gemüsebrühe angießen, bis die Graupen knapp bedeckt sind. Unter Rühren köcheln lassen, bis die Flüssigkeit von den Graupen aufgenommen wurde. Dabei immer wieder umrühren. Den Vorgang wiederholen, bis die Brühe aufgebraucht ist und die Graupen gar sind, aber noch Biss haben. Das dauert ca. 20 Minuten. Parmesan und die gebackenen Kürbisstücke unterrühren und sofort servieren.

Rezept: Adler, Lippertsreute

Kräuter-Crêpes
mit Inselgemüse

Für die Crêpes:
60 g Mehl, 120 ml Milch, 1 Ei
4 EL gehackte Kräuter (Petersilie, Schnittlauch, Dill)
Salz, frisch gemahlener Pfeffer
Öl zum Backen

Für die Füllung:
4 kleine Karotten (2 gelbe, 2 rote), 1 Kohlrabi, 1 kleiner Strunk Brokkoli, 100 g Zuckerschoten, je 1 kleine gelbe und grüne Zucchini
Salz, 50 g geschmolzene Butter

Für die Kräutersauce:
1/2 l Sahne
Salz, frisch gemahlener Pfeffer
4 EL gehackte Kräuter (Petersilie, Schnittlauch, Dill, Estragon)

Für die Crêpes Mehl und Milch mit dem Schneebesen glattrühren. Ei und Kräuter unterrühren, salzen und pfeffern. Den Teig 20 Minuten abgedeckt ruhen lassen. Öl in einer beschichteten Pfanne erhitzen und darin bei mittlerer Hitze nacheinander dünne Crêpes ausbacken. Warm stellen.
Für die Füllung das Gemüse putzen, in mundgerechte Stücke schneiden und in reichlich kochendem Salzwasser nacheinander bissfest garen, herausheben und abtropfen lassen. Das Gemüse in geschmolzener Butter schwenken und warm stellen.
Für die Kräutersauce die Sahne würzen und die Kräuter unterrühren. Die Sauce einkochen lassen, bis sie eine sämige Konsistenz hat.
Die Crêpes mit Gemüse füllen und mit der Sauce auf Tellern anrichten. Dazu passen Pellkartoffeln.

Spinatknödel
mit Bergkäse überbacken

Für die Spinatknödel:
100 g Blattspinat, Salz
1/2 Zwiebel, gewürfelt, 1 Knoblauchzehe, gewürfelt
50 g Butter
500 g Knödelbrot (altbackenes Weißbrot, gewürfelt)
150 ml heiße Milch
frisch gemahlener Pfeffer, frisch geriebene Muskatnuss
80 g Bregenzer Bergkäse, gerieben, 4 Eier
50 g Mozzarella zum Überbacken

Für das Lauchgemüse:
Gemüsestreifen (1 Stange Lauch, 1 Karotte, 1/4 Sellerieknolle)
1 EL Butter
1 Knoblauchzehe, durch die Presse gedrückt
200 ml Gemüsefond, 100 ml Sahne
Salz, frisch gemahlener Pfeffer, frisch gehackte Petersilie

Für die Knödel den Spinat in kochendem Salzwasser blanchieren. In Eiswasser abschrecken, gut ausdrücken und fein hacken. Zwiebelwürfel und Knoblauch in Butter anschwitzen. Den Spinat zugeben. Das Knödelbrot mit der heißen Milch übergießen, mit Salz, Pfeffer und Muskat würzen. Mit geriebenem Käse, Spinat und Eiern vermengen. Aus der Masse Knödel formen und in reichlich leicht wallendem Salzwasser ca. 15 Minuten garen. Herausnehmen und warm stellen.
Für das Lauchgemüse das Gemüse in Butter anschwitzen. Knoblauch zugeben. Gemüsefond und Sahne angießen, salzen und pfeffern. Alles 4 Minuten kochen lassen. Gemüse in eine feuerfeste Form geben, die Knödel darauf setzen und mit dem Mozzarella bestreuen. Unter dem Grill des Backofens 8 Minuten goldbraun überbacken. Mit Petersilie bestreut servieren.

Gegrillte Höri-Aubergine
mit Basilikum-Pesto

4 Höri-Auberginen
8 Höribülle, 8 Kirschtomaten

Für das Pesto:
100 g Basilikum
50 g Pinienkerne
150 g kalt gepresstes Rapsöl
50 g frisch geriebener Gruyère

Für die Garnitur:
Sesam und Schnittlauchröllchen

Die Auberginen im Ganzen auf einen Grillrost legen. Den Stiel nicht entfernen, damit kein Saft austreten kann. Auf dem Holzkohlegrill oder unter dem vorgeheizten Grill des Backofens 30–60 Minuten garen, dabei immer wieder wenden, bis die Eierfrüchte von allen Seiten braun sind und sich ganz weich anfühlen.

Die Höribülle halbieren und ebenfalls grillen. (Wer mag, kann die Bülle auch mit etwas geriebenem Bergkäse überbacken.) Zum Schluss die Kirschtomaten mit auf den Rost legen und garen.

Inzwischen für das Pesto die Blättchen vom Basilikum von den Stängeln zupfen und klein schneiden. Mit Pinienkernen und Rapsöl im Mixer fein pürieren. Den Käse unterrühren.

Das Gemüse vom Grill oder aus dem Backofen nehmen und die Auberginen vorsichtig längs halbieren. Mit Pesto bestreichen und je zwei Hälften auf einem Teller mit Höribülle und Kirschtomaten anrichten. Mit Sesam und Schnittlauchröllchen bestreut servieren. Dazu passen Ofenkartoffeln mit Quark und frittierter Rucola.

Kässpätzle

mit Bergkäse und Röstzwiebeln

Für die Spätzle:
300 g griffiges Mehl (Type 1050)
Salz, frisch geriebene Muskatnuss
4 Eier, 50 g Butter
80 g frisch geriebener Bergkäse, 8 Monate gereift
80 g frisch geriebener Räßkäse
80 g frisch geriebener Raclette-Käse
80 g frisch geriebener Emmentaler

Für die Garnitur:
Röstzwiebeln (s. Tipp)
Schnittlauchröllchen

Für die Spätzle das Mehl mit Salz und Muskat in eine Schüssel geben. Die Eier mit 100 ml Wasser verquirlen und mit einem Holzlöffel unter das Mehl rühren, bis der Teig Blasen wirft. In einem großen Topf reichlich Salzwasser zum Kochen bringen. Den Teig mit einem Spätzlehobel hineinhobeln und die Spätzle im leicht kochenden Wasser garen, bis sie nach oben steigen. Mit einem Schaumlöffel herausheben und in eine Pfanne geben. Die Butter und die Käsemischung zugeben und bei mittlerer Hitze schmelzen lassen. Alles gut vermengen. Ggf. etwas vom Spätzlekochwasser zugeben, damit die Mischung schön sämig und nicht zu trocken wird. Auf Tellern anrichten und mit Röstzwiebeln und Schnittlauchröllchen bestreut servieren. Dazu passt Blattsalat oder Apfelmus.

Tipp:
Für die Röstzwiebeln 6 Zwiebeln schälen, in Ringe schneiden und in heißem Fett goldbraun ausbacken. Auf Küchenpapier entfetten.

Blaukrautstrudel
auf Lauchgemüse

Für den Blaukrautstrudel:
1 Rotkohl (1 kg), 2 Äpfel
Saft von 1 Orange und 1/2 Bio-Zitrone
Salz, frisch gemahlener Pfeffer, frisch gemahlene Muskatnuss
1 Stück Zimtstange, 2 Nelken
Majoran, gerebelt, Kümmel
1/4 l Rotwein (z.B. Zweigelt), 2 EL Preiselbeeren
2 Zwiebeln, 100 g Butter, 2 EL Zucker
1 Spritzer Balsamico
1 Packung Blätterteig (Kühlregal)

Außerdem:
Lauchgemüse (Rezept S. 44), gebratene Zucchinischeiben
Schnittlauchröllchen zum Garnieren

Am Vortag den Rotkohl putzen und fein hobeln. Äpfel schälen, vom Kerngehäuse befreien und zum Kraut reiben. Orangen- und Zitronensaft zugießen. Mit Salz, Pfeffer, Muskat, Zimt, Nelken, Majoran und wenig Kümmel würzen. Rotwein und Preiselbeeren zugeben, alles gut durchkneten und über Nacht abgedeckt im Kühlschrank durchziehen lassen.
Am nächsten Tag Zwiebeln schälen und fein würfeln. Die Butter erhitzen, den Zucker einrühren und die Zwiebelwürfel darin karamellisieren. Blaukraut zugeben und 1 Stunde zugedeckt garen. Mit Balsamico verfeinern. Das Blaukraut gut ausdrücken, auf den ausgerollten Blätterteig geben und diesen aufrollen. Strudel auf ein mit Backpapier ausgelegtes Backblech legen und im auf 175 °C vorgeheizten Backofen 25 Minuten garen. Herausnehmen und in Stücke teilen. Je zwei Stück Strudel auf etwas Lauchgemüse anrichten, einige gebratene Zucchinischeiben dazulegen, alles mit Schnittlauchröllchen bestreuen und sofort servieren.

Rezept: Engel, [illegible]

Bayrisches Urkorn
mit Roter Bete und Kräutersalaten

- 1 Schalotte
- 40 g Butter
- 200 g Bayrisch-Urkorn-Mischung (Bioladen)
- 150 ml Riesling vom Bodensee
- 650 ml Gemüsebrühe
- 60 g geriebener Bergkäse
- 40 ml kalt gepresstes Olivenöl
- 2 EL gehackte glatte Petersilie
- 2 Knollen Rote Bete
- 250 g bunte Pflücksalate
- je 1 Handvoll Portulak, Kerbel und glatte Petersilie
- 1 Rezept Vinaigrette (S. 13)

Die Schalotte schälen und fein würfeln. Die Butter in einem Topf zerlassen, Schalottenwürfel darin anschwitzen. Urkorn-Mischung zugeben und unter Rühren glasig dünsten. Mit Riesling ablöschen. Die Gemüsebrühe nach und nach zugeben und immer wieder einkochen lassen. Dabei den Topf gelegentlich kräftig schwenken. Zum Schluss den geriebenen Käse, das Olivenöl und die Petersilie unterrühren.
Die Rote-Bete-Knollen schälen, in dünne Scheiben hobeln, für einige Minuten in Eiswasser legen, herausheben und auf Küchenpapier abtropfen lassen. Pflücksalat und Kräuter waschen und trockenschleudern.
Das Urkorn auf vier tiefe Teller oder Schüsselchen verteilen. Rote-Bete-Scheiben, Pflücksalate und Kräuter dekorativ darauf anrichten und alles mit Vinaigrette beträufeln.

Rezept: Valentin, Lindau

Überbackenes Kräuterflädle

mit Rahmspinat

1 Rezept Pfannkuchenteig (s. S. 39)
Butter zum Braten
300 g frischer Blattspinat
1 Schalotte
1 Knoblauchzehe
Salz, frisch gemahlener Pfeffer
frisch geriebene Muskatnuss
50 g Crème fraîche
50 g Bergkäse
20 g Pinienkerne
4 Kirschtomaten

Den Pfannkuchenteig nach Rezept zubereiten. Butter in einer Pfanne erhitzen und aus dem Teig nacheinander vier Pfannkuchen backen. Herausnehmen und warm stellen.
Blattspinat waschen, gut abtropfen lassen und in Streifen schneiden. Schalotte und Knoblauchzehe schälen und hacken. Butter in einer Pfanne bräunen lassen. Schalotte und Knoblauch darin andünsten. Blattspinat zugeben, mit Salz, Pfeffer und Muskat würzen. Den Spinat mit einem Schaumlöffel herausheben und zum Abtropfen in ein Sieb geben. Dann zurück in die Pfanne geben und die Crème fraîche unterrühren.
Die Flädle (Pfannkuchen) mit Blattspinat füllen und aufrollen. In eine gebutterte Auflaufform legen und mit geriebenem Käse und Pinienkernen bestreuen. Die Kirschtomaten vierteln und zugeben. Alles unter dem Grill des Backofens auf höchster Stufe überbacken, bis der Käse zerlaufen und goldbraun ist. Auf vorgewärmten Tellern anrichten.

Reichenauer Gemüse-Lasagne

mit Auberginen

- 4 Auberginen
- 80 ml Olivenöl
- Salz, frisch gemahlener Pfeffer
- Cayennepfeffer
- 100 g gehackte Kräuter (Thymian, Majoran, Basilikum)
- Butter für die Form
- 250 g Lasagneblätter
- 1/2 l Tomatensauce (s. Tipp)
- 150 g geriebener Bergkäse

Auberginen putzen und in Scheiben schneiden. Olivenöl in einer Pfanne erhitzen, die Auberginenscheiben darin braten, bis sie weich sind. Mit Salz, Pfeffer und Cayennepfeffer würzen. Die gehackten Kräuter unterrühren. Eine Auflaufform buttern. Abwechselnd eine Schicht Auberginenscheiben und eine Schicht Lasagneblätter einfüllen und diese mit Tomatensauce bedecken. Fortfahren, bis die Zutaten verbraucht sind. Die oberste Schicht sollte aus Auberginen bestehen. Alles mit Bergkäse bestreuen und im auf 180 °C vorgeheizten Backofen 45 Minuten backen, bis die Nudelblätter gar sind und die Lasagne goldbraun ist.

Tipp:

Für die Tomatensauce 1 Zwiebel schälen, fein hacken und in Butter andünsten. 500 g aromatische Tomaten mit kochendem Wasser überbrühen, häuten, grob zerkleinern und mit andünsten. Mit 80 ml Weißwein ablöschen, 100 ml Gemüsebrühe angießen und alles 10 Minuten köcheln lassen. 250 ml Sahne unterrühren und alles mit Salz, Pfeffer und Cayennepfeffer würzen. Die Sauce weitere 10 Minuten bei geringer Hitze köcheln lassen, bis die Tomaten ganz weich sind und beim Rühren zerfallen.

Hausgemachte Nüdele
mit Kirschtomaten und Ziegenfrischkäse

- 500 g hausgemachter Nudelteig (Rezept S. 31)
- Salz
- 4–6 Knoblauchzehen
- 5 Stängel Rosmarin
- 20 Kirschtomaten
- 100 ml Olivenöl
- 400 g Ziegenfrischkäse
- frisch gemahlener Pfeffer

Den Nudelteig dünn ausrollen und in Streifen von ca. 5 mm Breite schneiden. Diese in sprudelnd kochendem Salzwasser bissfest garen, abgießen und warm stellen. Von dem Kochwasser 100 ml auffangen und beiseitestellen. Knoblauch schälen und fein hacken. Die Nadeln von den Rosmarinstängeln streifen und ebenfalls fein hacken. Die Kirschtomaten vierteln.
Olivenöl in einer Pfanne vorsichtig erhitzen. Knoblauch und Rosmarin darin schwenken. Die Tomatenviertel zugeben. Die gegarten Nudeln mit dem Nudelkochwasser hinzufügen und alles gut mischen. Den Ziegenkäse grob zerbröckeln und vorsichtig mit den Nudeln vermengen. Mit Pfeffer übermahlen und sofort servieren.

Tipp:

Auf dem Foto sind Casarecce-Nudeln zu sehen. Diese kann man mit einem Fleischwolf, der mit einem besonderen Aufsatz versehen wurde, selbst herstellen. Weil das aber für die meisten Haushalte zu kompliziert ist, haben wir im Rezept Bandnudeln verwendet.

Dank und Adressen

Landgasthof zum Adler

Hauptstraße 44, D-88662 Überlingen-Lippertsreute
+49 (0)7553 82550, www.adler-lippertsreute.de

Peter Vögele, absolut unverzichtbarer Ideen- und Rezeptlieferant, Tischdecken- und Tafelsilber-Ausleiher. Unermüdlich stand er uns mit Rat und Tat, Frühstück und Charme zur Seite. Dank auch an **Volker Hellwig**, den Koch!

Seerestaurant Schlössli Horn

Hornstaaderstraße 43, D-78343 Gaienhofen
+49 (0)7735 2041, www.schloessli-horn.de

Ein herzliches Dankeschön an **Thomas Karper** für seine Unterstützung, an Küchenchefin **Iris Beck** für tolle Rezepte und ihr fröhliches Naturell und an Sous-Chef **Ronny Klöpfel** für bereitwilligen Einsatz an seinem freien Tag!

Grüner Baum

Radolfzeller Str. 4, D-78345 Moos
+49 (0)7732 54077, www.gruenerbaum-moos.de

Danke, **Hubert Neidhart**, für wundervolle Rezepte, enormes Wissen um regionale Spezialitäten wie Höribülle & Co., humorvolle und freundliche Unterstützung und die viele in unser Projekt investierte Zeit!

Heinzler am See

Strandbadstraße 3, D-88090 Immenstaad am Bodensee
+49 (0)7545 93190, www.heinzleramsee.de

Für die unkomplizierte Zusammenarbeit in der angenehm entspannten Atmosphäre ihres Familienbetriebs und natürlich für die feinen Rezepte danken wir von Herzen **Thomas und Michael Heinzler**!

Gasthaus Engel

Landstraße 1, A-6971 Hard am Bodensee
+43 (0)5574 20768, www.pleifersengel.at

Bei **Klaus Pleifer** standen wir unangemeldet vor der Tür. Trotz großen Zeitdrucks zauberte er uns dennoch kurzerhand drei Rezepte auf den Tisch. Vielen Dank dafür!

Restaurant Valentin

In der Grub 28A, D-88131 Lindau (Bodensee)
+49 (0)8382 5043740, bio-logisch.bayern

Daniel Rupfle und Claudia Siebert führen ihr Restaurant mit hohem Anspruch an Nachhaltigkeit und Bio-Qualität. Wir bedanken uns für die freundliche Unterstützung!

Hotel Seehalde

Birnau-Maurach 1, D-88690 Uhldingen-Mühlhofen
+49 (0)7556 92210, www.seehalde.de

Die Seehalde von **Markus und Thomas Gruler** ist eine Adresse der Extra-Klasse! Vielen Dank für die ausgefallenen Rezepte und das schöne Ambiente!

Schloss Wartegg

Von Blarer Weg 1, CH-9404 Rorschacherberg
+41 (0)71 858 62 62, wartegg.ch

Herzlichen Dank an die Gastgeber **Imelda Senn und Richard Butz**, dass sie uns bereitwillig einluden; an **Sandro und Dörte Zimmermann** für besonders stilvolle Rezepte!

Außerdem bedanken wir uns herzlich bei **Andrea Fürst** (Bild Seite 6) vom Obst-und-Gemüsestand in Moos; bei **Annette Güthner** und **Walter Engstle** vom Südverlag für ihr Vertrauen; und natürlich bei unseren Familien, allen voran unseren Partnern **Sascha Unger** und **Jos Gerritschen,** für ihre liebevolle Unterstützung!

Christiane Leesker und **Vanessa Jansen** arbeiten Tür an Tür in der Ateliergemeinschaft Hafenstraße 64 in Münster. Als Team haben sie bereits sieben verschiedene Koch- und Backbücher realisiert. Dafür reisen die Grafikerin/Autorin und die Fotografin in andere Länder und Regionen, schnuppern in immer neue Küchen, lernen Köche und ihre Kniffe kennen und halten alles in zauberhaften Fotos und stimmungsvollen Texten fest.

In der gleichen Ausstattung
ebenfalls im Südverlag erschienen:

16,0 x 22,5 cm, 64 Seiten,
ca. 50 farbige Fotos, Hardcover, € 16,-
ISBN 978-3-87800-093-8